MI VIDA EN UN POEMA

Héctor Harvey Machado Santacoloma

Mi vida en un poema

©Héctor Harvey Machado Santacoloma

hmachado.2@hotmail.com

ISBN 978-958-48-5012-6

Primera Edición Octubre 2018

Editora: Elisa Ana Machado Santacoloma

Diseño de carátula: Guillermo Antonio Arango Vanegas

Impresión y terminación: TODOGRÁFICAS LTDA

Impreso y hecho en Medellín-Colombia

La poesía como la buena música sublima los sentimientos.
El cansancio de una vida mediocre, encuentra
en la poesía su barricada, su refugio.
Mientras exista la poesía tendremos latente la esperanza.

El Autor

A mi nieta Amelie, la vida misma que otra vez regresa.

A mi esposa Martha Lucia,

a mis hijos Carlos Andrés y Ana María: Hemos luchado juntos

y han sido mi soporte espiritual y mi inspiración

CONTENIDO

PRÓLOGO

A medida que pasa el tiempo los seres humanos acumulamos en la mente una serie de acontecimientos. Los más recientes se transforman en recuerdos, y luego estos envejecen y se transforman en añoranzas. Recuerdos y añoranzas reunidas, y una capacidad de asombro frente a cada detalle de la existencia, hacen "Mi vida en un poema".

Las obras literarias de extraordinario mérito han sido escritas por hombres capaces de sentir profundamente y de expresar estéticamente lo sentido. Humanamente, nos liga un parentesco sentimental que nos hace hermanos. Somos semejantes, porque pasamos por las mismas alegrías y tristezas, por idénticas ilusiones y desengaños. La suprema ley de vivir a todos nos iguala, y en mayor o menor grado, sentimos euforia y abatimiento, tristezas y regocijos, esperanzas y no pocas desilusiones.

La capacidad de explicar esos momentos íntimos de la vida del hombre la tienen los poetas y los filósofos. Ellos vierten conceptualmente e interpretan tales estados y movimientos profundos del espíritu, y con un lenguaje concreto traducen la realidad compleja y sutil del alma humana

No es sólo la alegría lo que pueden comunicarnos los poetas con sus versos, sino también la tristeza, la desesperación, la angustia, el dolor, la duda, el odio, el amor, la compasión, el deseo, la admiración, la fe, la veneración, la esperanza, y todos los sentimientos y emociones que, en general, tienen cabida en el alma del hombre.

Un gran poeta es aquel que se muestra capaz de hacernos vibrar de indignación ante una injusticia, y también el que puede hacernos estremecer con un placer leve y delicado ante el dibujo, o la fragancia, de una flor. Un gran poeta es el que sabe penetrar hasta lo más profundo de nuestra alma, y escrutar allí los más escondidos sentimientos, para expresarlos luego con palabras precisas, adecuadas, concretas y, al mismo tiempo, de valor universal.

El gran milagro de la poesía consiste en la admirable ductilidad de la musa. Ella es maleable a la expresión de las diversas emociones, y. con la misma fuerza y penetración, se presta a comunicar la exultante alegría del soldado vencedor o del amante correspondido, o la profunda tristeza del padre que ha perdido su hijo, o del exilado que deja los límites queridos de su patria, o del enamorado engañado que vierte toda su amargura en el alcohol.

Todos deberíamos escribir un libro sobre la historia de nuestra vida, aunque no seamos famosos. Tú eres famoso para tu familia y, algunas veces, para tus amigos. Una historia sobre tu vida, es única, propia e irrepetible. Tu vida tiene una esencia que es la tuya, y no tendrás que acudir a ningún libro para completarla. Tu vida está en tu mente. Tus recuerdos y tu memoria son el legado para que tus generaciones sepan algo de tu pasado y así dar cuenta de que tus padres, abuelos, tus hermanos, tus amigos, tu barrio, tu esquina, dejaron una huella imborrable en su paso por este mundo. Todos tenemos palabras para hacer de la vida un poema.

Héctor Harvey Machado Santacoloma

PRIMERA PARTE

Estaciones del amor

LLUEVE

Llueve, y la lluvia sobre los cristales
me susurra al oído su mensaje,
me dice: "espera que a curar tus males
tu dulce amada de los cielos baje."

Por eso siempre con febril anhelo
en estas noches tristes e invernales,
me parece que ella desde el cielo
viene a quitarme todos mis pesares.

Pero solo es mi loca fantasía
que nombrármela quiere en todo instante;
si ella se fue, si se me fue aquel día

en que sola en mis brazos se moría,
para què me la nombran todavía,
déjenla en paz para que en paz descanse!.

ENIGMA

Vete, te digo, no soporto
quererte de este modo y no quererte.
¿Qué no entiendes? Acércate:
te quiero y no te quiero, es un enigma
que en mi loca cabeza se revuelca;
estás cerca de mí y te quiero ausente,
estás lejos de mí y te quiero cerca.
¿Que tù me quieres mucho?
mujer, lo sé, y eso me irrita;
no sé cómo deseo que te vayas,
si mi vida tanto te necesita.

CONTRASTES

A veces soy romántico, y a veces
el amor me interesa a mí un pepino;
y hay veces que mi cuerpo se estremece
con el ingenuo llanto de un chiquillo

A veces, veo la vida como un cielo
donde solo el amor es ley eterna;
otras veces la vida es un infierno
insoportablemente, infame que me enferma

Tu presencia en mi vida fue mi cielo,
y la ley respeté, te quise tanto
y me quisiste tú con loco anhelo,

y se tornó en infierno nuestro cielo
cuando el amor al fin se fue alejando
como se van las olas con el viento

MI OTRO YO

Ella es el agua cuando estoy sediento,
una dulce canción si estoy muy triste,
un rayito de luz en las tinieblas
que aclara la razón y el pensamiento.

Ella es el otro yo que en mì se agita,
es la razón de todos mis anhelos,
es este corazón que en mì palpita,
que levanta ideales hasta el cielo.

ELIXIR DE ESPERANZA

Voy a beberme el mar de tu tristeza
con mis sedientas ansias de alegría.
Con el mágico   elixir   de esperanza
yo voy a despertar tu alma dormida.

Voy a enterrar tus penas y dolores
en la fosa profunda de la nada,
para que resplandezca tu sonrisa
y se llene de encanto tu mirada.

Voy a recopilar horas felices
de dulce paz, de dicha y de ternura,
para ofrecerte días apacibles
que mitiguen tu amarga desventura.

Voy a pedirle ayuda a los labriegos
de corazón humilde y tesonero,
para sembrarte un surco de amapolas
que iluminen de noche los luceros.

Y en la insondable soledad del campo,
testimonio veraz de un ser supremo,
bajo un manto de estrellas infinito
sabrá el mundo que mucho nos queremos

CÁRCEL CRISTALINA

En un vaso olvidada una rosa marchita
contabiliza el tiempo con su lenta agonía,
el agua prisionera en cárcel cristalina
ya dejó de ser savia de su policromía.

Prisionera en su celda el alma adolorida
se marchita inclemente de amarga soledad,
se ha marchado muy lejos el amor que tenía,
se ha secado la fuente de su felicidad.

Y de sus labios rojos el néctar se ha esfumado,
y solo los recuerdos le quedan, nada más,
de una niña lejana, inocente y sumisa
que a todos sus caprichos se supo doblegar

...Y hoy, lejana y marchita
como pájaro herido
ha buscado refugio en la profundidad

LAS ESTACIONES DEL AMOR

Te veo en el silencio de mi alcoba vacía
y tenue en la penumbra puedo escuchar tu voz;
oculto entre las sombras de mi loca fantasía,
todo se desvanece cuando aparece el sol.

Te siento entre las cosas de mi diaria rutina
en el viento, en la nieve, en el aire, en la flor,
en la brisa que trae la lluvia matutina,
en las notas románticas de una vieja canción.

Los dos marchamos solos por caminos distintos,
con el bello recuerdo de un tiempo que pasó,
y el sol cuando se oculta allá en el infinito
solo dice al espacio que el día ya murió.

A mi ardiente verano de luz y de alegría
le sigue presuroso un otoño interior;
el árbol de mis sueños que me mantiene viva
va perdiendo sus hojas, su encanto y su color.

Ha vuelto el frio invierno, la nieve y el estío
a sepultar recuerdos que el tiempo no borró,
luego la primavera vendrá con nuevos bríos
y crecerán las flores de un nuevo y dulce amor.

PARA TI

Como un oasis busca en el desierto
el peregrino de vagar vencido,
mi alma te buscaba con anhelo
para aliviar su corazón herido.

Nos vimos una vez y nuestras almas
parecían ya haberse conocido;
tú no eras como yo, pero tu vida
con la mía tenía su parecido.

Me impresionó tu voz y tu figura,
tú forma de mirar, tus lindos ojos;
luego amé tu bondad, tu frente pura,
tu forma de querer y tus antojos.

Fuimos para los dos sin egoísmos
como soldados de una misma guerra;
dimos forma real a un espejismo
que nos brindaba el cielo, aquí en la tierra.

Te quiero mucho y yo quisiera un día
poder brindarte todos los tesoros
que un noble corazón guardar podría
y que no se compran con plata ni con oro.

UN ADIÓS FRENTE AL MAR

-Poema adaptado a melodia existente: "Amor se escribe con A" de
Paul de Senneville-

Estoy, aquí en la playa, solo frente al mar,
el sol, calienta ya la brisa tropical;
amor, ven a mi lado que la paz de este lugar
unirá más nuestras dos almas.

Porque, nuestro destino siempre fue volar
sin ver puerto seguro para anclar,
tal vez un día el destino nos señalará el lugar
donde soñar eternamente.

Yo, que soñé con un hogar,
con el calor familiar
de dos hijos y una esposa,
para el destino enfrentar.

Yo que soñé ser el mejor,
me tuve que conformar
con vivir libre y errante,
ver a mis hijos crecer
y hacer su nido en otra parte.

Soy un bohemio y soñador
que queriendo ser mejor,
empacó con su ilusión
sus maletas y su gente.
Yo hoy no me puedo quejar
porque a fuerza de luchar
nunca nos llegó a faltar
en la mesa vino y pan
y el cariño de la gente.

Porque nunca es completa la felicidad
y al fin algo nos falta para poderla disfrutar,
en ti y en mi hay ausencias imposibles de ocultar
y de aceptar completamente.

Voy a partir una vez más,
mis amigos a dejar
con tristeza y con dolor
dentro de mi corazón.

Voy a tener que renunciar
a su cálida amistad,
para irme a otra ciudad
a cumplir otra misión,
con decisión, serenamente.

No, no quiero decir adiós,
porque aquí yo he de volver,
siempre los recordaré
con cariño y con amor.

VUELVE A MI VIDA

Poema adaptado a melodia existente: "Ballede pour Adelina"
(balada para Adelina) de Paul de Senneville

Vuelve, a mi vida
porque siento que está perdida
sin tu amor.

Vuelve,
porque sin tì me estoy muriendo
no sè vivir en este infierno,
vuelve, pronto ya.

Ten compasión, no seas asì dulce bien.
Regresa ya para calmar mi dolor.

Siento que mi vida,
junto a tu imagen tan querida,
cambiará.

Y que.juntos los dos caminaremos
como dos nubes hacia el cielo,
y más allá.

Tu corazón, unido al mío estará,
y en esta unión solo la luz brillará

Vuelve, a mi vida
porque siento que está perdida
sin tu amor.

Vuelve,
 porque sin tì me estoy muriendo
no se vivir en este infierno
vuelve pronto ya.

Vuelve,
porque sin ti me estoy muriendo,
no sè vivir en este infierno,
vuelve pronto ya.

TUVE UN AMOR

Poema adaptado a melodia existente: "Serenata" de Franz Schubert

Tuve un amor que me hizo feliz,
aunque no lo valoré. Sí, no sé qué pasó;
ella se fue una tarde gris, después
muy solo quedé, y ya no la volví a ver.

Vuelve a mí, mi amor, mi dulce bien,
porque sin ti no sé
què voy a hacer tan solo.

Vuelve a mí que el campo sin tì
no ha vuelto a florecer,
extraña tu sonrisa.

Ven, por favor, para vivir juntos los dos;
yo te daré todo mi amor
y mi ilusión.

Un madrigal será nuestro amor,
un sueño hecho realidad;
si decidieras volver.

Y en el jardín del campo la flor
más linda tu siempre serás,
el agua de mi manantial.

Vuelve ya porque eres tú
razón de mi vivir
la luz de mis pupilas.

Vuelve a mí que el campo sin ti
no ha vuelto a florecer,
extraña tu sonrisa.

Ven, por favor, para vivir juntos los dos,
yo te daré todo mi amor y mi ilusión.
...todo mi amor y mi ilusión.

FLOR DE ALHELI

Poema adaptado a melodia existente: "Para Elisa" de
Ludwig Van Beethoven

I
Yo quiero que tú seas para mi
para vivir ya muy feliz.
Ven amor te quiero junto a mi
y así vivir yo para ti.

II

Yo quiero que tú seas muy feliz
juntito a mi flor de alhelí.
Ven a mi amor te quiero aquí
porque si no, voy a morir.

(Repetir I y II)

III

Mi corazón se eleva a Dios
pensando en ti y en nuestro amor.
Y si un día te vas, no, no, no, no, no, no, no, no, no quiero oír
ya nunca más nada de ti

No, no, no, no, no, no, no, no, no quiero oír
ya nunca más nada de ti.

(Repetir III)

IV

No, no te vayas, no te imagino en otros brazos y lejos de mí,
somos un alma y un corazón
ven a mis brazos mi dulce amor.

(Repetir II y III)

V

Oh! no!, que dolor !. Hay tristeza   en mi corazón.
Ya no volveré a sentir tus dulces besos al amanecer, amor

(Repetir II y III)

SEGUNDA PARTE

Voces del sentimiento

TESORO ESPIRITUAL

Más que una madre, un tesoro
espiritual para mis hijos;
Dios en su inmensa bondad
al dársela los bendijo.
Y a mí también me bendijo
con tan dulce compañera,
tierna, mimosa y sincera,
que nos cuida con cariño
y hace volviéndonos niños,
la vida más placentera.

En tu callada labor
de madre, esposa y amiga
olvidaste la fatiga,
el frío, el miedo, el dolor,
para entregar con amor
lo mejor que hay en tu vida;
y hoy creo que en justa medida
debemos reconocer,
que, como madre y mujer
tú eres nuestra preferida.

Las madres son como oasis
del desierto de la vida,
donde buscamos consuelo
a nuestras causas perdidas;
donde el alma ya vencida
vuelve a rejuvenecer,
y entre cenizas de ayer,
al amparo de su amor,
vuelve con fuerza y vigor
nuestro espíritu a nacer

MI HOGAR QUERIDO

Lejos estoy de aquel hogar querido
que cuidó de mi vida cuando niño
donde siempre me esperan con cariño
un par de viejos por los cuales vivo.

Pero la vida ruda y justiciera
me abrió la senda, me marcó el camino
para que se cumpliera mi destino
y por mi cuenta y riesgo yo viviera.

La dulce voz de mi querida madre
me dió su bendición en mi partida
me dijo: "esa es la ley de nuestra vida
y nadie puede contrariarla, nadie".

"Vive de acuerdo a como te he enseñado,
ten siempre alta la frente, nunca abajo,
trabaja duro, que con tu trabajo
libre serás por siempre, y nunca esclavo"

SUEÑOS CELESTIALES

Hay un ángel dormido en esa cuna
que humildemente le concede abrigo,
como cobija con su inmenso manto
el limpio suelo a la desnuda luna.

Hay un montón de sueños celestiales
que se mecen al canto de una nana,
de una madre amorosa y desvelada
que piensa en las bonanzas del mañana.

En el rincón derecho de la cama
hay un nido de sueños celestiales
que con una ternura indescriptible
se convierte en un bulto de pañales.

Unos ojos que miran fijamente
ocultando un planeta misterioso
de gentes con narices y con manos
que se mueven con ritmo cadencioso,

Qué difícil vivir, piensa el infante,
en un mundo de ruidos y de llantos;
era mejor mi mundo de tinieblas
con mi madre detrás y yo adelante.

PATERNIDAD

Hoy me siento feliz, no es para menos,
he tenido la dicha de ser padre,
unos ojos se miran en los míos,
unos ojitos tristes y leales.

Hoy la vida es más dulce, más serena,
el trabajo más noble y respetable,
hoy entiendo el sudor del campesino
en el surco en los campos y trigales.

Esos locos chiquitos que nos hacen
desvelar en las noches invernales,
que nos llenan de vida las mañanas
y las tardes las hacen más cordiales.

Cuando el rostro ilumina una sonrisa
que refleja la paz de su alma pura,
se conjuga en su ser pequeño y dulce
del universo toda la ternura

REMEMBRANZAS

Te fuiste madrecita ,y desde entonces,
la vida ha transcurrido muy de prisa;
todo ha cambiado, las cosas son distintas,
hace falta tu amor y tu sonrisa.

Todo está triste. Los lindos ideales
forjados al calor de la familia,
ya no tienen valor si no encontramos
tu imagen adorada y bendecida.

La perrita que te hacía compañía
cuando íbamos de paseo hacia "La Uvita",
un día se murió sin darnos cuenta,
se murió de tristeza y de una gripa.

Con mucho honor y mucho sacrificio
hace ya algunos meses se graduaron tus hijas.
Papá estuvo presente y recibió en tu nombre
ofrenda tan valiosa y merecida

La casa que dejaste no es la misma,
un inmenso vacío en cada esquina
rememoran tu ausencia. Las vecinas:
igual, amistosas, parlanchinas.

Los domingos el Viejo se levanta
y nos recuerda a todos la hora de la misa
Allá en el Montesacro, olvidaba decirte,
reposan tus cenizas.
Allí, todos los días celebran una misa muy solemne
con cánticos que a todos nos evoca
la noche en que partías

Nos unimos a tí cual si estuvieras viva;
te contamos historias de este barrio
que dejaste algún día. Luego, sigue la lucha,
cada cual a su golpe, a su rutina.

En la noche, con luz resplandeciente,
una estrella vigila;
eres tú madrecita que nos guías
por las sendas tortuosas de la vida

MENTE ANGELICAL

Las cosas más sencillas y más simples
son para el niño su mundo racional
que despiertan su loca fantasía
y desbordan su mente angelical.

El paso de un avión se constituye
en un hecho que merece destacar,
sus deditos levanta alborozado
como queriendo con el poder jugar.

Todos los recovecos de la casa
son el laboratorio de investigación
del gran autodidacta en miniatura,
incansable artista de la observación.

Su inocente carita se ilumina
con la presencia de papá y mamá,
sus juguetes olvida, y con premura
contento quiere a los dos acariciar.

Balbuceando les cuenta sus problemas
en su gracioso idioma celestial:
el pito no le suena cuando sopla
y el balón no le quiere rebotar.

QUINCE AÑOS

Volaron como errantes mariposas
los primorosos años de tu infancia,
y quedaron tus juegos infantiles
perdidos en el mar de la distancia.

Se estremeció tu corazón de niña
con la luz de tus quince primaveras,
y se posó el amor en tu ventana,
y un beso te robó por vez primera.

Te enseñó que una gota de rocío
encierra una profunda melodía,
que todo un mundo cabe en una lágrima
o en los versos de alguna poesía.

Que la música es néctar de los Dioses
que a los humanos proporciona vida
que las penas ahuyenta si estas triste
volviéndote la paz y la alegría.

HISTORIAS DE NAVIDAD

Señor, señor, escuche, deténgase un momento.
No molestes muchacho que tengo mucha prisa.
Solo por un momento, señor, se lo suplico,
yo quiero preguntarle algo en un momentico
Está bien, habla pronto, que me voy enseguida.

He oído en las iglesias el tañir de campanas
que anuncian algo grande de paz y de alegría,
y a los niños que cantan con gran algarabía
como si el tiempo fuera distinto en estos días

La navidad se acerca. ¿Acaso no lo sabes?
llegó el mes de Diciembre, y todos los cristianos
celebramos gozosos el mes de la alegría,
y suenan villancicos y el sonido muy dulce
de muchas campanitas acompaña a los niños
como un hada madrina.

Anda, corre a tu casa, dile a tu mamacita
que ha llegado diciembre, el mes de la alegría.
Deja tu cara triste, transfórmala enseguida,
y entona un villancico que ya viene el Mesías.

¿Qué me vaya corriendo y llegue a mi casa y abrace a mi
mamita?
Si yo no tengo casa y no tengo mamita,

Y esta mi cara triste, es triste de por vida,
y este mes de diciembre me llena de recuerdos
y de melancolía,
y el sonido tan dulce de tantas campanitas
inunda mis oídos de una angustia infinita.

¿Y para qué cantar un dulce villancico
si hace ya mucho tiempo
me abandonó el Mesías?.

HOY TE RECUERDO MADRE

Hoy te recuerdo madre, con algo de alegría
y mucho de nostalgia.
Hoy recuerdo los días en que al pie de la mesa
levantamos la copa brindando por ti, madre.
porque Dios te cuidara y siempre conservara
tu presencia en la casa. Porque nunca faltaras.

Y te veías dichosa cuando uno de nosotros
con voz entrecortada, tomaba la palabra.
Y todos se callaban.
Y su ruego era un canto de luz y de esperanza.

Tus últimos cinco años en los días de madres
nuestra alegría estaba de tristeza opacada,
porque tu dulce vida lentamente se iba,
y aquel presentimiento de una casa vacía
poco a poco en el alma de todos se clavaba.

Te fuiste madrecita y la casa está triste;
le falta tu sonrisa y tu voz adorada,
y al pie de nuestra mesa
quedan las remembranzas
y la silla vacía de una madre lejana.

MI VIEJO

Alta la frente cual el duro roble
que altivo se levanta en la llanura,
tu paso es firme y tu palabra franca
pero siempre dispuesta a la ternura.

El paso de los años ha marcado
arrugas en tu frente y en tu alma,
por encima de mil vicisitudes
has conseguido mantener la calma.

La calma que los hombres necesitan
para sobrevivir a las adversidades;
el recio temple de los duros robles
que sobreviven a las tempestades.

Tus manos condujeron nuestros pasos
cuando el camino apenas empezaba,
y levantaste nuestro débil cuerpo
que torpe y vacilante tropezaba.

Cuando la marcha se hace firme y fuerte
es preciso empezar a guiar el alma,
cuando el cuerpo tropieza se levanta
pero heridas del alma son de muerte.

Inmune a la tristeza no es el hombre
y en tus ojos vi lágrimas un día:
el Señor se llevaba la viejita
cuando la vida al fín nos sonreía.

Y nos quedó un vacío de tinieblas
en la casa paterna en las mañanas,
en las tardes un aire de nostalgia
y en las noches un hilo de esperanza.

Que aquel bello recuerdo que guarda el tiempo
mantenga viva siempre la unidad familiar,
y que Dios te conserve como llama encendida
que ilumine por siempre el seno del hogar.

COMO SI TÚ ESTUVIERAS

Hemos llegado todos como si tú estuvieras,
a celebrar de nuevo los días navideños
como hubieras querido vernos aquí reunidos
igual que en otros años vamos a celebrar.

Ya hicimos el pesebre y encendimos las luces.
Danilo y las muchachas prendieron el fogón.
Matilde en la cocina con Martha y con Natalia
preparan el sancocho´, el guarito y el ron.

Ya llegaron los "músicos".
Ya templan sus guitarras.
Ya la gente les pide que empiece la función.
Ya Libardo se apresta a comenzar la farra,
y a dueto con Rogelio entona una canción.

Ya escondimos el niño como la vez pasada
y a cada pista brincan tus nietos de emoción.
Y "la casa en el aire" en el limón colgada,
no ha escapado a ninguno para su revisión.

Ya sonaron las doce. El niño ya ha nacido,
y todos presurosos buscan en el colchón,
debajo de la almohada encuentran los regalos
se forma el alboroto y gritan de emoción.

Estamos ya en la sala cerca del arbolito
repleto de regalos traídos con amor.
"Este para Deonaldo, de Danilo y familia",
"aquel para Natalia", grita el presentador.

Cada uno ha recibido de todos su regalo
entre risas, aplausos y besos de emoción,
después viene la cena y en el fogón del patio
el fuego se ha extinguido y se apagó el carbón.

AMELIE

(A mi nieta)

Una dulce criatura bajada del cielo
a alegrar los días de padres y abuelos.
Es la vida misma que otra vez regresa
a calmar dolores y a aliviar tristezas.

Es de la existencia nuestro fiel reflejo.
Es la vida misma que vuelve a empezar.
Bendición celeste que Dios dá al abuelo
dulce compañia en su soledad.

Es del olmo seco la rama verdecida.
Es un gran milagro de la primavera,
que abre entre horizontes y riberas
camino hacia la luz y hacia la vida

En un dulce día de la primavera
16 de Mayo, llegaste Amelie.
Con gran regocijo mi nieta primera,
tus padres y abuelos brindamos por ti.

Carita de luna, boquita de rosa,
ojitos de cielo, nietecita hermosa.
Crece sana y dulce, fuerte y primorosa,
muchachita linda, gatica preciosa.

NO PIENSO CLAUDICAR

No pienso claudicar porque es cobarde
olvidar la faena cuando el sol pega fuerte
en las espaldas.
El sol de mi destino me sofoca,
pero como refugio queda la esperanza.
No voy a abandonar mis ambiciones
porque me sobran fuerzas en el alma,
y tengo un corazón que aún palpita
para darme las fuerzas que me faltan.

No soy de los que huyen cuando el alba
no aparece temprano en las mañanas.
Al pie de mis principios yo me muero;
claudicar no es costumbre de mi raza.

LEXINGTON, KY: LA CIUDAD BLANCA

Los árboles, las plantas y las cosas parecían embrujadas por
una magia diabólica o divina. El frío era infernal y la lluvia
incesante caía sobre el paisaje congelándose en las entrañas
de su ramaje cristalino. Igual que en los humanos, la lluvia
cual las penas, pesadas e inclementes desgajaban los árboles,
cayendo estrepitosamente sobre el piso de nácar de aquella
ciudad blanca, como cae en el alma la nostalgia inclemente
de una ausencia lejana.

Y llegó la mañana a mostrar lo que quedaba de una tierra
arrasada, como si mil misiles invisibles hubieran hecho
blanco en una tierra santa. Y nosotros, refugiados del
tiempo, damnificados de una guerra imprevista ni
merecida ni anunciada, volvíamos a la vida por entre los
escombros de un desastre ecológico de grandes proporciones.
Igual que los humanos cuando el alma les pesa dejan caer
sus brazos y agachan la cabeza, los árboles vencidos por el
peso de su ramaje cristalino, lloraban al desprenderse de sus
ramas aceptando impotentes su destino

TERCERA PARTE

Encuentros Afectuosos

AMISTAD

Esta noche mi musa desteñida
alza su vuelo en pos de una quimera,
para cantarle al sentimiento humano
que nos entrega el cielo aquí en la tierra.

Es la Amistad el libro prodigioso
que nos señala el mundo en que vivimos,
siempre por ella encontramos el camino
cuando la buena senda hemos perdido.

! NEW YORK! , NEW YORK!

! New York!, New York!
La magia de tu encanto
me embrujó.
Y se fueron tan rápido los días
como los raudos trenes
que dejaban la estación.

! New York!, New York!
Me llevo tu recuerdo,
te dejo la alegría,
la ansiedad que por verte
guardó mi corazón.

! New York!, New York!
Recorrí tus veredas
de enormes rascacielos
e históricos lugares
que antiguos inmigrantes
forjaron con bravura
con lucha y con tesón.

! New York!, New York!
Hoy otros inmigrantes
con la misma bravura
y mucho corazón
te mantienen hermosa
pujante y victoriosa,
y esperan los cobijes
como compensación.

! New York!, New York!
Días inolvidables
de aventura, de música y ficción
hicieron en mi espíritu
renacer nuevas flores
que guardaré en mi alma
! New York!, New York!
La magia de tu encanto. Me embrujó...

LA CASA DE LOS SUEÑOS

Que al final la vida es sueño
Y los sueños, sueños son...."

Hace tiempo no le escribo
a Ud. querido compadre,
ni tampoco a la comadre
pero nunca los olvido.
En este tiempo he tenido
múltiples ocupaciones
y algunas preocupaciones
pues nos hemos embarcado
en un proyecto alocado
que esperamos nos funcione.

Era un utópico sueño
que tuvimos al llegar,
y volverlo realidad
fue nuestro mayor empeño,
de una casa ser los dueños
aquí en Estados Unidos;
los esfuerzos reunidos
de Carlos, Martha y Anita,
encendieron la llamita
de este sueño compartido.

Nuestro apartamento actual
dos cuartos y un solo baño,
"kids" de 18 y 15 años
obviamente no es lo ideal;
los chicos en esta edad
con sus locas inquietudes
aunque llenos de virtudes
requieren su propio espacio.
Una casa con más cuartos
era una necesidad.

Empezamos a buscar
algo cerca de la U.,
ya te imaginarás tú
cuántas puedes encontrar
de Limestone a Man-o-War;
pero también me di cuenta
que lo que pagas por renta
o lo que pagas al banco,
no se diferencian tanto
si la fueras a comprar.

Nunca pude imaginar
que podría calificar,
que me pudieran prestar
para comprar, esta gente;
y así pasó, felizmente
me dieron cita en el banco

y sin pensarlo ni un tanto
presenté mis argumentos
que sirvieron de sustento
para dar justo en el blanco.

Si todo nos sale bien,
alejando toda duda,
firmaremos escritura
por ahí por Septiembre 10;
parece un sueño y no es,
es la pura realidad,
fue nuestra tenacidad
y la ayuda de mi Dios.
El, escuchó nuestra voz
en esta oportunidad.

Por eso te escribo ahorita
pues sé que te alegrarás
y hasta nos visitarás
un día con Isabelita;
la tendremos bien bonita
para esa oportunidad,
yo sé que disfrutarás
te sentirás satisfecho,
seguro bajo este techo,
estarás como en casita.

CALIDEZ FRATERNAL

El calor de la amistad en tiempos invernales
hace amables los días y las noches cordiales ...

Se van Nicole y Rodrigo,
y los vamos a extrañar,
siempre se siente el vacío
cuando un amigo se va.
Más amigos llegarán,
pero no serán los mismos;
pasa eso con los amigos,
son únicos, irrepetibles
y nunca será posible
el poderlos reemplazar.

Fueron muy pocos los días,
más fue bella la Amistad,
compartimos su alegría,
su calidez fraternal,
su espíritu deportivo
y su aptitud musical.

¿Quién ahora me va a enseñar
a interpretar la guitarra?
¿Quién animará las farras
si ellos ya no estarán más?.
Muy pronto se marcharán
de Michigan a Minnesota
 nos quedará el alma rota
pero intacta la Amistad.
Un día nos visitarán
y aquí estarán sus amigos.
Deseamos Nicole y Rodrigo
que Dios les marque el camino
y que en su nuevo destino
encuentren felicidad

EL PADRE CARLOS

Hoy estamos celebrando
el día de nuestro pastor.
Celebran los feligreses
de su querido rebaño
al que ha dedicado dichoso
sus últimos cinco años;
predicando su evangelio
con cariño y con amor,
nos contagia su alegría,
su espíritu conciliador,

sus graciosas homilías
con profundas enseñanzas,
su voz de aliento a los débiles
 brindándoles esperanza,
su alma cálida y segura
siempre al diálogo dispuesta,
y el ánimo que el infunde
 al organizar las fiestas
que unen a los corazones
en santas y nobles causas.

En los años dedicados
a su noble y fiel destino
conquistó todo el amor
y el respeto de su gente
que le recordará siempre
y no olvidará el camino
que ha trazado cada día
con una fe permanente,
le auguramos mucha suerte
con el deseo ferviente,

que las semillas de paz,
de comprensión y alegría
que en las almas ha sembrado
y cultiva cada día,
florezcan como florecen
las flores en primavera
regadas por el rocío
de la brisa mañanera
como un regalo que Dios
nos entrega sin medida.

RETIRO ESPIRITUAL

Allá en la plenitud de la montaña,
donde New Jersey se encuentra con NY
en un paraje de árboles y trinos,
de manantiales cristalinos
disfruta Blanca Ligia su Rincón.

El frescor de la brisa mañanera
besa las flores en la primavera
donde aletea alegre el colibrí,
mientras allá en los comederos
los petirrojos y los azulejos
se dan alegres su festín.

La casa está poblada de recuerdos añejos,
de tiempos compartidos con sus hijos y nietos,,
de batallas ganadas y reconocimientos.
Para sus hijos es la casa de los viejos
y la de los abuelos para todos sus nietos.

Y para dos incansables luchadores
que el tiempo no ha podido doblegar,
es su jardín de sueños otoñales,
su refugio en los tiempos invernales,
su retiro espiritual.

COMO PASA LA VIDA

Como pasa la vida y no nos damos cuenta,
el día menos pensado cumplimos los 60;
pero, nunca envejece por suerte el corazón,
ni el espíritu alegre que guía la razón.

Y con las enseñanzas que nos da la experiencia
se ven mejor las cosas desnudas de apariencias,
y los años nos pasan sin más explicación
que un viejo documento de identificación.

Hace ya 18 años, en el año 2000,
Iniciamos un sueño que aún no tiene fin.
Solo con las maletas, ligeros de equipaje
y miles de ilusiones, comenzó nuestro viaje.

Había poco dinero pero mucha esperanza,
eramos una familia repleta de confianza.
Nos formamos la idea que íbamos a triunfar,
pero, éramos conscientes que habría que luchar.

Y hemos luchado juntos por todos estos años,
cada esfuerzo fue un logro, cada logro un peldaño,
de esa larga cadena que nos abrió el camino
de aquel futuro incierto que era nuestro destino

Nuestros hijos llegaron aun adolescentes
a enfrentar un gran reto y de eso eran conscientes.
Y a fe que lo lograron, brindo por ellos dos,
y hoy, aquí reunidos le doy gracias a Dios.

No fue fácil para ellos, durísima tarea,
sortear dificultades, vencer muchas barreras:
el idioma y el clima, la discriminación,
todo fue superado poniendo el   corazón.

Detrás de esos esfuerzos y en las adversidades,
una madre amorosa calmaba tempestades.
Ella es nuestro refugio el consuelo y el nido,
cuando a veces creemos que todo está perdido.

El tiempo ya ha pasado, la vida ha transcurrido,
los hijos se graduaron, se casaron, se han ido.
 Es tiempo de descanso, es tiempo de retiro,
de recoger las cosas y regresar al nido.

La mutua compañía en tiempos otoñales
hace las cosas simples, distintas, especiales;
el amor es más dulce, más alegre, más tierno
es amor verdadero, amor puro y eterno.

Para estos dos palomos llegó la bendición,
ha venido una nieta que es nuestra adoración.
Esta dulce criatura mimada y consentida
ha sido con el tiempo, razón de nuestra vida

Es tiempo de vendimia, es tiempo de cosecha
de recoger los frutos de las cosas ya hechas,
las buenas y las malas, no hay tiempo de llorar,
la vida continúa y hoy vamos a brindar

EL VIEJO JOSÉ MIGUEL

Hola querido compadre
Cuando leí su misiva
vino a mi mente enseguida
las palabras de mi padre
que reforzara mi madre
con su voz de dulce trigo:
Los amigos de tu amigo
son tus amigos también,
trátalos siempre muy bien,
yo sé bien lo que te digo.

Y el viejo José Miguel
fue nuestro amigo común
y lo sigue siendo aún,
aunque no lo he vuelto a ver.
A Lexington hubo de volver
después que yo había partido
y aquí en Estados Unidos
luchó igual que usted y yo
y su anhelo coronó
como lo había concebido.

Por eso ha de perdonarme
compadre mi atrevimiento
de devolverle al momento
el cheque que hubo de enviarme.
El gusto debe Ud. darme
de servir de intermediario,
esto no lo hago yo a diario
y me encantó haberlo hecho
y me siento satisfecho
de servirle de emisario.

También quiero agradecerle
sus palabras de consuelo
que me elevan hasta el cielo
sin siquiera merecerle.
Quién pudiera componerle
al mar, al fuego, y al viento
y dejar que el pensamiento
vuele como una cometa
y como cualquier poeta
sublimar los sentimientos.

El hombre es un animal
que necesita el trabajo.
Más si trabaja de un tajo
seguro le va muy mal,
también debe descansar,
darle un respiro al proyecto,
no darle hasta caer muerto.
Unos días para Miami
o a Perú a ver a tu mami,
tendrán tu ánimo despierto

Y recuerde pues compadre
que la vida es solo una.
Cuídela como ninguna
y aunque los perros nos ladren,
o las cosas no nos cuadren,
como debieran cuadrar
no debemos de olvidar
que somos seres humanos
por lo tanto nos cansamos
y debemos descansar.

DECIMAS DE UN PAISA AUSENTE

I

Querido amigo Martín:
Ya casi un mes he cumplido
aquí en Estados Unidos
recordando mi país.
Allá me sentía feliz,
cada noche y cada día,
pero tuve la osadía
de abandonar a mi gente
de dejar el aguardiente
que me daba la comida.

II

También abandoné el canto
que alegraba mis tristezas
y se metió en mi cabeza
como si fuera un encanto
después de yo estudiar tanto
estoy vendiendo aguardiente
Qué pensaría la gente:
A este le faltan cojones
porque es propio de varones
buscar trabajos decentes"

III

Entonces me tomé un trago,
me puse a meditar:
¿Dònde voy a trabajar,
aquí, donde hay tanto vago?
ni porque fuera yo mago
pa'trabajar a mi antojo,
si de andar me siento cojo
buscando colocación
voy a cambiar ya de opción
ya sé para donde cojo.

IV

Abrigaba yo en mi mente
muy grandes aspiraciones,
fantásticas ilusiones
de un trabajo más decente
y te digo francamente
me vine a Estados Unidos
y no estoy arrepentido
porque cuando toca toca.
Torear esta vida loca
siempre es un poco jodido.

V

Mi familia es un tesoro
que no se produce en mina
su recuerdo me ilumina.
y por eso yo la adoro.
Se defienden como toros,
cuando la faena empieza.
 y no bajan la cabeza
parecen de raza Miura.
Hacen falta sus ternuras
en mi solitaria pieza.

VI

Les espera un gran país
donde valoran la gente,
donde el trabajo es decente
sin importar su matiz.
Hay que sembrar la raíz,
echar la barca en el rio
y contra el viento y el frío
remar muy fuerte y sin pena.
La primavera serena
llega después del estío.

VII

En este mes que ha pasado
me siento muy conmovido
y a la vez agradecido
por lo bien que se han portado.
Ustedes me han demostrado
lo que vale la amistad,
por eso quiero brindar
aunque yo me encuentre ausente,
con la copa de aguardiente
que me quisiera tomar.

VIII

Pongo aquí punto final
y suspendo mi laúd.
deseándoles salud
y mucha felicidad.
Nos volvemos a encontrar
aquí en Lexington -Kentucky
para que Fernando "tocky"
y tomemos aguardiente
y desafinadamente
nos pongamos a cantar.

LA JUVENTUD Y LA EXPERIENCIA

Están hoy aquí reunidas
por hermosa coincidencia,
dos etapas de la vida:
la juventud, la experiencia.
Ella espera con paciencia
que los sueños de su hija
en el destino que elija
se hagan pronto realidad
y con generosidad
Dios siempre se la bendiga.

Como el arriero Antioqueño
que en la fonda del vecino
acomoda las enjalmas
p'a retomar el camino,
así mismo es el destino
al llegar a los cincuenta,
hay que apretar bien las riendas
y revisar bien la carga
porque la jornada es larga
y sin fondas y sin tiendas.

La juventud es Roxana
con un futuro brillante,
sueña en sacar adelante
proyectos en un mañana,
y esa esperanza lejana
que crece en su corazón

y cultiva con pasión
en su alma juvenil,
se hará realidad al fín
poniéndole muchas ganas.

Más que una celebración
un encuentro del recuerdo.
Volver a ver los amigos
que hace rato no los vemos
y que mucho los queremos
aunque lejos siempre estamos,
con amor los recordamos
y añoramos esos días
que en su grata compañía
tan buenos ratos pasamos.

LA MISMA SOLEDAD

Abro los ojos para disuadirme,

todo está como antes.

los amigos, igual,

aún me recuerdan con cariño.

La casa de los sueños, el "Sueño Americano",

esperaba verme entrar triunfante.

Soy yo el que ha cambiado,

ya yo no soy el de antes,

me siento destruído.

Como si una verdad

me hubiera caído de repente

del cielo o del olvido.

Todo está como antes.

La misma soledad, los mismos árboles,

y este pánico inmenso de no saber a dónde huír,

de desaparecer pasando inadvertido

VIDA COMPARTIDA

Han sido 16 años
de una vida compartida
de alegrías de tristezas
de amor y de desengaños
con el paso de los años
el cariño no envejece
y cada día crece y crece
mientras nos hacemos viejos
los hijos se irán muy lejos
y el amor rejuvenece.

El ondeante destino
los trajo a Estados Unidos
aquí formaron su nido
y siguieron su camino.
Como a los mejores vinos
el tiempo les dio el sabor
retomaron su labor
con tesón y sacrificio
que son gajes del oficio
para una vida mejor.

LA FELICIDAD

Poema adaptado a melodia existente "Alturas" de Horacio Salinas
(música andina)

I

Óigame compadre cuando vuelve por aquí, si,

díganos con tiempo para irlo a recibir

hoy, hace diez años que un día, un día usted se fue de aquí,

buscando nuevos sueños

un nuevo amanecer

II

Hace mucho tiempo no voy a mi país

y siento nostalgia por ver a mi gente.

Hoy, viejos amigos vi que un día, un día yo dejé, también

recorrí aquellas calles

que me vieron nacer

III

Volví a vivir una vez más

la sensación de ser feliz.

Yo volví a ver los que dejé

de los que nunca me olvidé (esperar música)

IV

El hombre hace esfuerzos por tener felicidad,si,
y deja su tierra para salirla a buscar
no sabiendo que ella está, cerquita aquí, aquí no más, también
en las cosas más simples del diario trajinar

V

está en el camino, no en la meta que buscas,
en una melodia,, en el amor y en la amistad
en el beso que te da tu hijo, tu hijo al regresar, también
 en el sol que te anuncia
un nuevo amanecer,...si,
en las notas hermosas
de una vieja canción

VI

Está en la paz, está en la flor,
en el abrazo fraternal.
En compartir con los demás
una tertulia familiar
con cariño y con amor,
con respeto y con devoción,
con cariño y con amor

DECISIONES

La vida te enfrenta a veces
con tremendas decisiones,
que alteran tus emociones
y tu forma de vivir.
Y lo que hay que decidir
nace de oportunidades
que como en las tempestades,
aquel ventarrón que pasa,
cuando asoma por su casa
pasa para no volver

Y nos invaden de pronto
los deseos de volar,
los deseos de probar
otras nuevas aventuras;
darle a tu vida futura
otras nuevas dimensiones,
y unimos los corazones
con las personas que amamos,
y nuestra vida empacamos
en un barco de ilusiones.

Y sabemos que es muy alto
el precio que hay que pagar,
pues lo que vas a dejar
es lo que más has querido:

tu trabajo, tus amigos,
tu casa, tu vecindad,
el colegio de tus hijos,
tu paz, tu tranquilidad;
pero ya está decidido
y el barco ya ha de zarpar.

Y te espera otra ribera
donde tu barco has de anclar,
lo demás ya quedó atrás.
Vas ligero de equipaje.
En una venta de garaje
quedó parte de tu vida,
aquellas cosas queridas
que tenías desde estudiante
y que cuidaste bastante,
hoy las tienes que dejar.

Ya se van Pedro y Vivián
a la capital del mundo,
con sentimiento profundo
tomaron su decisión,
y en cosas del corazón
ellos sí que son expertos;
con ánimo no dispuesto
y bastante compungidos,
este puñado de amigos
les damos la bendición

LAS MALETAS DE FRANCISCO

En cuatro maletas negras
tengo mi vida empacada;
voy ligero de equipaje
a enfrentar nuevas jornadas.

El alma se me escapaba
por las heridas abiertas
cuando empacaba mi vida
en esas cuatro maletas.

Una esposa, dos hijos
y cuatro maletas negras
es mi bolsa,
y mi espíritu en alto
para enfrentar el tiempo
que me sobra.

Ya he vivido una vida
y hoy será el primer día
de lo que queda de la otra.
El mañana es incierto,
y el ayer, como siempre,
muy pronto será parte
de mi historia.

Mis amigos, se quedan
en Orlando y también
en mi memoria.
Nuevos amigos llegarán,
pero la huella
que marca el corazón
nunca se borra.

SUEÑO DE JUVENTUD

Justo en la primavera de tus mejores años,
cuando la vida es bella y abierta como un mar,
sin sospechar del mundo sus traiciones y engaños
se truncaron tus sueños, tus ansias de volar.

Colmada de recuerdos de tiempos compartidos
esta casa que siempre fue tu segundo hogar,
te estraña compungida como a otro de sus hijos,
como el querido hermano que no ha de regresar.

Las lagrimas brotan como filigranas.
sueño de juventud que muere con tu adios
son collares de perlas que tibios desgranan
tantos ojos tristes que lloran por vos.

Te adoraba tu padre con aquella dulzura,
y ahora resignado a que no has de volver
acunará en un canto su inmensa ternura,
buscando en su cielo tu imagen de ayer.

A UN ILUSTRE COLOMBIANO

La colonia Colombiana
en pleno está aquí reunida
y se encuentra complacida,
orgullosa y muy ufana,
porque hace algunas semanas
Colombia se ha destacado;
Fayette County ha designado
a un ilustre Colombiano:
mejor administrador
de toditico el condado.

Sea este un granito de arena
por nuestra patria querida,
vapuleada y sufrida,
habiendo gente tan buena
como abejas en colmena;
un pueblo trabajador
que sumido en el dolor,
la impotencia y el hastio,
se viene a Estados Unidos
a buscar vida mejor.

No es fácil sobresalir
en un país extranjero.
Llegar a ser el primero
requiere dedicación.

Voluntad y corazón,
y talento y diciplina,
son siempre la medicina
en el campo educativo
donde hay que ser persuasivo
p'a poder dar la medida

Y el Doctor Fabio Zuluaga
reúne las cualidades,
y todas esas bondades
de un gran administrador.
Su espiritu conciliador,
su capacidad y entrega,
han mantenido su escuela
rankeada entre las mejores
de Fayette y alrededores
unque a más de uno le duela.

Reciba Fabio este día
de todos los Colombianos
un gran abrazo de hermano
y toda nuestra alegría.
Escuche las melodias
de nuestro lindo folclor
y disfrute del sabor
de la mesa Colombiana.
Brindemos porque mañana
siga Ud. siendo el mejor.

SUEÑOS COMPARTIDOS

Siempre nos causa alegría
el verlos allá reunidos,
tantos sueños compartidos
con gran camaradería,
nos da envidia todavía
porque los tenemos lejos,
nos perdimos los festejos
que hacen a los cuarentones,
con tantas bellas canciones
que nos gustan a los viejos.

Hoy queremos dedicar
 a cada uno un versito;
aguántense un ratito
pa que puedan escuchar,
Roberto deje de hablar
que esa no es su profesión,
póngale a Nico atención
que tiene algo que decir,
y no se vaya a dormir
porque se puede enojar.

Mi querido amigo Luis,

mi queridísima prima,

algún dia allá donde Mima

nos vamos a reunir,

pa volver a compartir

logros, penas y alegrias

porque en grata companía

la vida es mas llevadera,

las cargas son mas ligeras

y mas alegres los dias.

NUESTRO ENCUENTRO

Mi querido amigo Alberto,
recordada Isabelita,
fué una ocasión muy bonita
para vivir nuestro encuentro,
vivimos cada momento
en su grata compañía,
con la paz y la alegría
que solo pueden brindar,
sentimientos de amistad
que duran toda la vida.

Fué algo maravilloso
recordar cosas pasadas,
que nunca son olvidadas
y hoy rayan en lo gracioso;
nosotros hacienda el oso
con paquetes en la mano,
y aquellos Venezolanos
que nos mostraban su cobre:
"Ahi van los vecinos pobres
echando pata mi hermano".

No teníamos un "cacharro"
pa podernos desplazar,
no sabíamos manejar
entonces,¿ para qué un carro ?;
y siempre mordiendo el barro
veian a Héctor y Alberto,
pero lo único cierto,
fué nuestra gran Amistad
nos unía la adversidad
la academia y el destierro.

Y continuando la historia
de dos Quijotes Latinos,
que desafiando al destino
quisieron buscar la gloria,
quedaron para memoria
todas nuestras aventuras,
más bien nuestras desventuras,
pues todo se iba en deseos,
nuestro inglés que era bien feo,
no mostraba mucha altura.

Tenía yo mucho en común
con mi compadre Peruano,
nuestros hogares lejanos
que añoramos mucho aún,
nuestros sueños que según
las últimas novedades,
algunas son realidades,
que nos devuelve la vida
creo que en la justa medida
por nuestras penalidades.

Pero el regalo mejor
que la vida nos ha dado,
es tener a nuestro lado
la paz, la dicha, el valor,
que nos brinda con amor
una dulce compañera,
tierna mimosa y sincera,
que nos cuida con cariño
y hace, volviéndonos niños,
la vida mas placentera.

LOS 60 DE GERARDO

Poema adaptado a melodia existente "La casa de Fernando" de
Pacho Galán y Carlos Vidal

Sábado al atardecer
vamos a casa de Gerardo.
Como está de cumpleaños
seguro nos esta esperando.

Lo mismo que pienso yo
Gilberto y Sol están pensando,
cuántos años cumplirá
el viejito de Gerardo.

Viéndolo bien
no se ve joven ni muy viejo,
será que esta embalsamado
como momia de hace tiempo.

Llegamos ya
Y de una vez vamos tomando,
no tiene nada de raro
aquí en la casa de Gerardo.

Oiga Gilberto
vaya cerveza destapando,
póngase las alpargatas
que la gente esta bailando.

La fiesta ya se prendió
y Martica está gozando,
en la casa de Gerardo
nos estamos amañando.
Martha Eugenia que pasó
porque el perrito está chillando,
ya son cerca de las doce
que lo vayan acostando.

Sírvame otro palo e ron
que ahora si estamos gozando,
y friten las empanadas
pa poder seguir bailando.

Yo no me voy
voy a sentarme aquí en el suelo,
a esperar el desayuno
con arepa y con buñuelo.

Si no hay programa
vengase a casa de Gerardo,
allí el próximo domingo
lo estaremos esperando.

Qué bueno que es disfrutar
la vida sin trabajar,
cuando ganemos la Mega
la vida nos va a cambiar.

LOS CINCUENTA DE MAYITA

Poema adaptado a melodia existente "Los Sonidos del Silencio "de
Paul Simon y Art Garfunkel

Vinimos todos hoy aquí
con la Mayita a compartir,
a celebrar con alegría
que cumple un año más de vida
su familia y sus amigos hoy aquí
van a vivir,
la dicha de un encuentro.

La Negra, Galo y tambien John
organizaron la función
e invitaron a tus amigos
Pa' que estuvieran hoy contigo;
y presentes en esta celebración
de corazón,
brindemos por tu vida

Llegaron ya los de Peeskill,
los de Long Island y Fishkill,
y los de Queens con su alegría
también están los de Florida
los de Beacon, los de Boston y Ossining.
De Medellín

Moncho llegó hace días
El dijo no puedo faltar
y con Mayita quiero estar
y recordar aquellos días
de nuestra infancia tan querida;
tiempos idos que jamas regresarán
y quedarán,
por siempre en el recuerdo

Con todos hoy disfrutaras,
que cumplas muchos muchos más,
que tengas una larga vida
viviendo en paz y en armonía;
amiguita, te mereces esto y más
felicidad,
el resto de tus días.

Hoy te queremos demostrar
cariño y cálida amistad
y disfrutar tu compañía
en este tu grandioso día;
y por siempre dejar en tu corazón
de esta canción,
su hermosa melodía.

CUARTA PARTE

Recuerdos que el tiempo guarda

ODA A SIMON BOLIVAR

Vana fue vuestra lucha y vuestra muerte
por darnos una patria grande y libre.
Fué muy grande, inmenso vuestro esfuerzo;
grandes fueron los hombres de tu estirpe.

Nuestra fué "Nuestra Patria" y fuimos libres,
nos entregaste una Colombia limpia;
limpia de la carroña que envilece
al que piensa, al que habla, y al que escribe.

Ya no es la misma tu sublime ofrenda,
Colombia no es la misma que nos diste;
la corrupción que un día desterraste
ha vuelto para hacer fuertes raíces.

Al que habla, al que piensa y al que escribe
como antes de nuevo se envilece,
perece la verdad y la justicia,
el amor y la paz también perecen.

El templo del saber ya no es sagrado,
el árbol de la ciencia no florece,
las botas, los fusiles y los cascos
arrancan los capullos que allí crecen.

No vuelvas más Bolivar, es inútil,
no pierdas tu prestigio ya ganado,
ya ni tú, ni los hombres de tu estirpe
nos volverán lo que nos han robado.

Una ofrenda floral llega a tu tumba
en las manos de Judas Iscariotas,
y pienso para mí que hoy ya tú eres,
idiota útil de inútiles idiotas.

LA MUSICA ES POESIA

La música es poesía
que envuelve una melodía,
y se mete en nuestra vida
en forma suave y furtiva.
Una Hermosa sinfonía
nos transporta a otros mundos
nostálgicos y profundos
o alegres, superficiales,
y cura todos los males,
y las penas de este mundo
A veces, solo deseamos
oír una melodía,
y unirnos a la alegría
que transmite el pentagrama.
Otras veces, nos reclama
el mensaje del que canta
y la voz de su garganta
nos abruma de emoción
y llegan al corazón
recuerdos que el tiempo guarda

ELUCUBRACIONES MUSTIAS

No me gustan "poeta"
tus famélicos y sórdidos poemas
que más bien me parecen
elucubraciones mustias
de místicos y ascetas.
Dedícate a otra cosa:
a tus figuras alargadas
y danzantes, porque
tus versos huecos
tambalean
entre una rima sosa
y disonante.

A PEPE CACERES

La tarde se iba llenando
de un amarillo encendido
y las nubes se alejaban
en mágicos torbellinos.
Las notas de un pasodoble
hacían más grande el hechizo
de una tarde de Febrero
que se moriría en el filo.
Mudo y solo ante la imagen
de la virgen Macarena,
desde el fondo de su alma
cubierta de sol y arena,
entregaba una plegaria
el torero de la feria,
maestro entre los maestros
de la Feria Candelaria.
La suerte me ha sido esquiva
en esta plaza tan bella,
y en la estocada final
se estropean mis faenas.
Si me regalas la gracia
de una mano más serena,
te regalaré una capa

cubierta con mil diademas.
La virgen permanecía
inmensamente callada
y la esperma en los candiles
tenue se desparramaba.
Pepe se levantó mudo,
con el alma esperanzada,
porque la virgen patrona
nunca lo desamparaba.
El redondel de la plaza
se engalanaba de fiesta,
y el sol en el firmamento
parecía darse cuenta.

Vestidos multicolores
atestaban las barreras,
llevados con porte y gracia
por paisas de pura cepa.
Comienza la fiesta brava
en la tarde Macarena
con un desfile imponente
seguido de una faena
de vistosas cacerinas
y de hermosas revoleras
del maestro tolimense
engrandecido en la arena

CAROLINA DEL PRINCIPE –

Ciudad bicentenaria con alma quinceañera,
por tus hermosas calles pasé mi juventud,
tus quebradas y valles y tus verdes praderas
brindan paz y sosiego con su muda quietud.

Tus hijos te saludan hidalga soberana,
mil guitarras te cantan una sola canción,
la canción que la abuela nos cantaba en la cuna,
los ojos se me inundan de una gran emoción.

Dos centurias no bastan para acabar tu encanto,
se enredó en tus balcones el tiempo colonial,
me llena de nostalgia mirar tu parquesito,
tus calles empedradas y el templo parroquial.

Détente caminante y únete a nuestras voces,
Carolina te ofrece su cálida amistad,
somos un pueblo honesto que cree en el mañana
de paz, de amor fraterno y de prosperidad.

DESPUES DEL HURACAN

Furiosos remolinos espumosos,
forman olas gigantes que se acercan
y mueren en los muros de la playa
antes cubierta por la blanca arena.

Al alejarse quedan los girones
de deshechos marinos,
que la fuerza brutal de los ciclones
ha traído a su paso en el camino.

Esta vez yo venía preparado
con mi equipo de pesca bien surtido,
pero solo he obtenido en mis anzuelos
cargas de ramas que parecen nidos.

En Sebastián quisimos probar suerte
y nos fuimos con varas y carnadas,
agarramos un troper de 10 libras
en vía de extinción, pesca vedada.

Con el dolor del alma convinimos
devolverlo hacia el mar, adiós almuerzo.
Así es la vida, el mundo en que vivimos,
tiene reglas de protección del universo.

QUINTA PARTE

Reflexiones

AUGUSTA SOLEDAD

Solo estoy frente a mí, qué gran encuentro;
fiel compañero, de nuevo estás conmigo
en estas noches en que a mi alma llega
una inmensa nostalgia, un gran hastío.

Aunque un poco llorosos veo tus ojos
te reconozco y en tí me identifico;
la amarga soledad de nuestro encuentro
lágrimas de dolor nos dará alivio.

Augusta soledad, yo te bendigo,
porque tu eres el bálsamo divino
que cura las heridas que el destino
abre en los corazones afligidos.

BASTA YA A LA IGNOMINIA

Que amargos para un secuestrado
son los días de la semana
"hoy es lo mismo que ayer
en un mundo sin mañana"

Hablo a tu corazón hermano guerrillero,
que partiste algún día del seno del hogar,
tal vez ilusionado por falsos promeseros
o llevado a la selva contra tu voluntad.
Tu esperanza marchita, tu fé y tu libertad,
protagonista ingénuo de luchas fraticidas
que desangran a diario nuestra patria querida,
te invito en este día a recapacitar.
Basta ya la ignominia, basta ya la crueldad.
Colombia, el mundo entero pide la libertad
para todos sus hijos que hoy están secuestrados,
para tí guerrillero también quiere la paz.
Hoy te hablamos a nombre de familias sufridas,
que guardan la esperanza de poder abrazar
a su padre, a sus hijos que se fueron un día,
y tal vez con tu ayuda podrían regresar.
Regresa con los tuyos hermano guerrillero.

Acógete a los brazos que ofrecen libertad,

libera tu conciencia reconcilia tu alma,

un gesto que Colombia no olvidará jamás

LA HORA FATAL

Llega la hora. La tensión aumenta
se aceleran el pulso y la presión;
se abren las puertas del aula señalada
se inicia la final evaluación.

¡Cómo es posible que pregunte esto,
Si yo solo estudié lo del final !
¡Qué profesor tan cuero y tan siniestro,
que fatídica suerte tan fatal !.

Solo me falta que el primer problema
que me sabía antes de empezar,
se me olvide ahora que lo empiezo
y tenga yo después que habilitar.

Pero mejor me calmo, porque el tiempo
invertido en mi largo divagar,
me va a hacer falta al final de cuentas,
la nota no me dá para ganar.

De todos modos, qué me importa un cuatro,
o un tres, un dos, o un uno, me da igual;
si al final un Q.F sin trabajo,
igual es al que no pudo terminar.

Nota: El estudiante entregó el examen
en blanco... y sin firmar.

LA FUERZA MISTERIOSA

La fuerza misteriosa que brinda la esperanza
me mueve firmemente a buscar lo que quiero;
con sus mágicas manos a la vida nos lanza
como el mar tormentoso que sacude un velero.

Qué bello es este mundo fantástico y quimérico,
repleto de quijotes con nobles escuderos;
de agiotistas, de sabios con rostro cadavérico,
de putas, de ladrones, vagos y limosneros.

Todos vamos a bordo del barco de la vida;
todos luchamos juntos el pan de cada día ;
todos envejecemos en mutua compañia
hasta morirnos juntos de cansados un día.

Soy un loco nostálgico con alma de poeta
que halla en cada cosa la esencia de la vida;
que ama intensamente cuando se siente amado
y odia todo aquello que huele a hipocresía.

A la vida le pido para vivir mi vida
una mujer muy dulce que me haga compañía;
dos hijos que sean fuente de amor y de alegría,
un honesto trabajo y el pan de cada dia.

NO MIRES HACIA ATRAS

Qué ironías la vida nos regala,
al paso inexorable de los años,
trabajar con tesón los años buenos,
y luego, recibir mil desengaños.

Si te queda una esposa y dos retoños
tres amigos sinceros es tu bolsa,
tu cabeza y tus manos la reserva
para enfrentar el tiempo que te sobra.

Es inmensa la vida y por fortuna,
puede recomenzarse si se agota;
no la dejes morir que por desgracia
solo es una y si muere no retoña.

No mires hacia atras si los recuerdos
te maltratan el alma y te acongojan,
pon mente positiva a tus anhelos
lo demás hace parte de la historia.

La vida está en dos partes repartida,
hoy es el primer día del resto de la otra.
Atrás quedaron las desilusiones,
lo que está por venir es lo que importa.

TIEMPOS IDOS

Sublimes añoranzas de tiempos que se han ido;
nuestra mente era clara y abierta como un mar;
ni el tiempo o la distancia han logrado el olvido
de aquel que fuera un día nuestro segundo hogar.

La vida sonreía y nada era imposible,
nos faltaban solo alas para poder volar
la amistad era franca, la enseñanza, infalible,
el maestro era amigo y tenía autoridad.

No faltaban los chistes, los apuntes graciosos
que hacían la academia más amena y cordial;
recuerdo a Villeguitas que se ponía furioso
y culpaba a Mejía si algo le salía mal

" En este tubo tengo disuelto el reactivo
y con este otro líquido lo voy a combinar;
pongan mucho cuidado que un compuesto amarillo
al mezclar los dos tubos se nos debe formar".

El bendito compuesto resultó vino tinto
"Mejía es el culpable pues todo lo hace mal;
hagan una llamada en la página cinco
que diga bien clarito "Lavar el material"

Héctor Harvey Machado Santacoloma 115

AL LICEO ANTIOQUEÑO

Hace ya medio siglo
nació nuestra ilusión
de alcanzar las estrellas,
de volar hacia el sol

En las sagradas aulas
del Liceo Antioqueño,
aún adolescentes,
crecieron nuestros sueños.

Y en la dura tarea
de obtener las estrellas,

fuimos como soldados
de aquella misma guerra.

Cuantos bellos recuerdos
de tiempos compartidos ,
guardados en mi alma,
resisten al olvido.

TANGOS Y MILONGAS

¿Ha oído Ud. un tango arrabalero?.
¿ha disfrutado Ud. su melodía?.
Guitarra y bandoneón en sinfonía
reflejando el espíritu pampero.
Y las palabras dulces de un bolero
que inspira a un corazón enamorado,
por alguna muchacha bien tragado,
a contar sus desdichas, sus amores,
sus alegrías, sus penas y dolores,
por el anís y el vino ya embriagados.

Hace ya algunos días que quería
invitar a Francisco y a Juan Carlos,
y nunca tuve la forma de juntarlos
para oír unas buenas melodías,
por eso he aprovechado yo este día
en que tienen el ánimo dispuesto
el corazón alegre y bien abierto,
para escuchar tanguitos y boleros,
de todo corazón es lo que quiero,
que pasemos un rato bien contentos.

Recordando a Gardel recorreremos
la tierra de Magaldi y de Corsini,
y de Armando Moreno y de Mancini,
sus milongas y tangos oiremos,
y seguro tambien escucharemos
a Dante y aMartel y a Oscar La roca,
a Calo y D'angelis que tocan
el piano y bandoneón como los dioses,
que importa que nos dén aquí las doce
si unos gratos recuerdos nos evocan.

Y al compás de los tangos y milongas
nos tomaremos unas cervecitas,
porque el cuerpo también las necesita
p'a que el espíritu se alegre y se disponga,
mientras en la cocina las morrongas
 nos fritan unas buenas empanadas
con carne y pollo, así bien sazonadas,
para que, escuchando los boleros,
evocar ese "mi vida, yo te quiero"
que las dejó para siempre enamoradas.

Este texto se terminó de imprimir en
el mes de octubre de 2018.
Se utilizó la fuente Goudy Old Style
de 12 puntos para texto corrido
y de 12,5 puntos para títulos.

todograficas92@gmail.com
Medellín - Colombia

La audacia de escribir, es muchas veces, un apersonamiento de la voluntad creadora sumida en una búsqueda total de los más delicados prados de la palabra. ¿Y publicar? Una humana aventura en la que un escritor se lanza decidido y esperando por dar feliz culminación a un propósito esencial de su vida.

Santacoloma Editores, acompaña con afecto y valoración ese sueño y esa aventura, ofreciendo al escritor asesoramiento editorial pleno, corrección de estilo gramatical de texto, con la absoluta convicción de que la literatura y la escritura logran, llevadas a un peldaño de óptima presencia y de arte superior, la modelación de un mundo actual mejor.

Publicaciones

1. La Caja de los vientos y otros relatos
   Jairo Buitrago Behoada
2. Recordando el ayer.
   Jairo Buitrago Behoada
3. Al final, la luz
   Mauricio Correa Meza
4. Coros del amanecer
   Edgar Trejos Velásquez
5. Mi vida en un Poema
   Hector Harvey Machado Santacoloma